AF229808

———

NAPOLÉON III

M. PROUDHON

L'ITALIE ET LA BELGIQUE

PAR

A. PORTAEL

LIÉGE,
IMPRIMERIE DE J.-G. CARMANNE,
rue St.-Adalbert, 10.

———

1862

I

Nous devons avant tout nous incliner devant le talent oratoire
de l'éminent publiciste français ; personne mieux que lui ne sait
plier la langue qu'il manie sous le syllogisme et le dilemme :
c'est irréprochable au point de vue de l'art. Quelle puissance de
diction ! Quelle hauteur de parole ! Pourtant, quand on élague
avec soin tous les surjets de cette rhétorique brillante , on est
confondu de rester en présence d'une contradiction monstrueuse ;
contradiction qui cependant sert de base à tout l'échafaudage de
l'édifice.

Cette contradiction, la voici : M. Proudhon reproche aux
démocrates italiens d'être patriotes avant tout, tandis que lui,
qui se dit le démocrate par excellence, n'est rien qu'un Français
dans l'acception la plus étroite du mot.

Qu'un patriote crie bien haut : vive la France ! c'est très-bien,
c'est vertueux ; mais que celui qui veut se faire accepter comme
le critérium de la démocratie, qui traite Garibaldi et Mazzini
d'égoïstes, et peut-être de traitres, parce qu'ils n'ont pas travaillé
à émanciper l'Europe avant l'Italie, que celui-là, dis-je, renché-
rissant sur l'enthousiasme de ses nationaux, s'écrie à tout propos:
la gloire de la France ! l'omnipotence de la France ! la reconnaissance à la France ! les susceptibilités de la France ! etc.,
eh bien, c'est mesquin, c'est ridicule, c'est illogique. Quoi ! vous
êtes philosophe et vous descendez aux questions de clocher !
vous prêchez la démocratie sociale et vous vous agenouillez devant un fétiche ! On ne peut pas douter que vous ne fassiez un
excellent homme d'État, mais à coup sûr vous avez renoncé à
tenir le drapeau de l'émancipation humaine.

Il est étonnant de voir comment une idée incidente qui s'empare avec force d'un esprit tenace amène de perturbation dans les fonctions de l'intelligence; on dirait qu'une étroite visière emprisonne la vue en dérobant le ciel où jadis elle puisait ses sensations; les grandes considérations de philosophie humanitaire se changent en discussions acerbes et cèdent le pas aux déclamations du tribun; l'infini se mesure, on lui donne un horizon qui, en se rétrécissant sans cesse, finit par aboutir aux *frontières naturelles;* un premier pas fait dans une fausse route conduit de conséquences en conclusions d'ailleurs très logiques, à des résultats absurdes. Dès lors, les contradictions s'accumulent, on veut faire marcher de front le philosophe et l'homme d'État; la démocratie et l'esprit de clocher, le fait accompli et le progrès. Comme si l'homme d'État pouvait être autre chose que le diplomate et la diplomatie autre chose que la duplicité. Puis, nouvelle contradiction, on reproche aux démocrates italiens d'avoir temporisé en feignant de se placer sous le sceptre de Victor-Emmanuel, et plus loin on avoue que l'on est catholique, clérical même, parce que les temps ne sont pas venus pour rompre en visière avec la puissance de l'Église. On dit à Garibaldi et à Mazzini : Vous êtes des hypocrites, vous me faites pitié ; et l'on prêche la restauration de la papauté ! Est-il possible d'étaler un cynisme plus révoltant?

Mais, monsieur, combien de volumes avez-vous écrit contre l'Église, contre le pape, contre la religion? Avec quelle indignation ne vous êtes-vous pas élevé contre les superstitions et les erreurs de l'Église? Toute votre vie n'a-t-elle pas été employée à désorganiser le catholicisme, à renverser la religion ? Et tandis que votre voix s'écrie : à bas l'erreur, votre bras la relèverait-elle de la fange où vous l'avez précipitée pour la replacer sur le trône qu'elle occupait? Est-ce bien à vous de parler de temporisation, quand vous travaillez à précipiter l'esprit humain à une solution radicale! Etes-vous conservateur? Et si abdiquant votre titre de démocrate socialiste, vous aspirez, homme d'État, à vous asseoir en face du nonce apostolique sous l'égide d'un empereur quelconque, ne craignez-vous pas qu'on vous demande où se trouve l'hypocrisie et la duplicité? Prétendriez-vous échapper aux conséquences de votre conduite? Faut-il une logique spéciale pour apprécier vos actions? Ce qui est vice chez un autre serait-il vertu ou tout au moins talent chez vous? Vous temporisez avec l'Église, comme Mazzini et Garibaldi temporisaient avec Victor-

Emmanuel, avec la différence que leur but à eux était connu et noble, tandis qu'on ne peut apercevoir celui que vous poursuivez, vous. Ils ne sont pas plus perfides que vous, ils le sont moins, car tout en reconnaissant leur impuissance actuelle contre les conséquences du principe, ils attaquent ce principe dans le pape que vous rétablissez, vous.

II

M. Proudhon n'est plus le grand démolisseur des turpitudes humaines, c'est le champion du gouvernement français et de la papauté. Revirement singulier, mais il faut bien l'accepter puisqu'il existe. Nous en avons bien vu d'autres depuis 1848. Et parce que M. Proudhon se pose en chevalier de ces deux pouvoirs, il faut bien qu'il écoute ce qu'on veut lui dire à ce propos.

M. Proudhon préfère-t-il le gouvernement de Napoléon III à une restauration légitimiste ou orléaniste, voire même à un gouvernement républicain? Ce n'est pas à supposer; mais Napoléon III est pour lui le représentant de la France actuelle. Or, M. Proudhon est français, donc M. Proudhon ne peut que donner son assentiment au fait accompli par la majorité de ses nationaux. Voilà de la logique, j'espère. Et si vous vous avisiez de dire au grand publiciste : Mais rappelez-vous donc dans quelles circonstances la France s'est donné le pouvoir qu'elle a le bonheur de posséder; était-elle libre de vouloir ou de ne vouloir pas l'homme du 2 décembre? Il vous aurait bien vite répondu avec sa logique écrasante : « Un homme est toujours libre de faire ce qui lui plaît; il est vrai, que la satisfaction de sa volonté peut, dans certains cas, lui coûter la fortune, la vie même, mais c'est à lui de voir si cette satisfaction vaut le prix qu'on y met. » J'espère que vous avez la bouche close.

Donc, le gouvernement du 2 décembre est l'expression de la volonté du peuple, et criminel de lèse nation serait celui qui voudrait aller à l'encontre; donc tout homme digne de porter le nom de Français doit être dévoué de corps, d'intelligence et de cœur au mémorable publicisme. C'est à peine s'il est nécessaire d'avoir fait son droit pour sentir toute la justice de ce raisonnement.

Eh bien, moi, je l'avoue en toute humilité, je n'ai pas fait mon droit; est-ce à cette lacune que je dois de ne pas saisir, avec toute l'aptitude désirable, ce qu'une pareille dialectique renferme de sagesse? J'entends bien un certain mécanisme de l'esprit qui fonctionne avec précision, mais quand ma pensée veut échapper aux effets saporifiques du bruit des rouages pour découvrir l'idée, elle ne l'aperçoit pas.

Et d'abord, M. Proudhon est-il démocrate? — Oui, dit-il. — Il croit, sans doute, à sa religion sociale : hors de la démocratie, il n'y a qu'erreur ! — Sans doute. — Le gouvernement de Napoléon III est-il démocratique? — Non, c'est la négation de la démocratie. — Le peuple français a donc commis une erreur? — Oui. — Comment M. Proudhon, qui a flétri l'erreur sur tous les tons, s'incline-t-il devant celle-ci, pourquoi en admet-il toutes les conséquences? — Serait-ce parce qu'elle aurait été partagée par toute une grande nation? Mais alors M. Proudhon fait partie du troupeau. Ou bien a-t-il la prétention d'amener insensiblement Napoléon III tout doucement, par le bout du nez, à la démocratie socialiste?... Oh ! alors, c'est une autre affaire. Si M. Proudhon a, je ne dirai pas cet espoir, mais cette certitude, je l'absous sur ses intentions; reste à examiner l'idée.

L'idée !..... Ah ! bon Dieu, peut-on qualifier cela d'idée ! Voyez-vous Napoléon III, démocrate socialiste, marcher à l'avant-garde du progrès ! Mais vous ne savez donc plus que cet homme n'est arrivé au pouvoir qu'en comprimant la liberté, et qu'il ne s'y est maintenu jusqu'à ce jour que parce qu'il a tout muselé ! Je sais bien, il le sait aussi, que cette situation a des dangers graves, mais comment y échapper? On a essayé, à diverses reprises, de relâcher un peu les ressorts trop tendus de la machine gouvernementale, mais tandis que le ministère annonçait la mansuétude du maître, le *Moniteur* doublait le chiffre de ses avertissements. Est-il possible à Napoléon III de vivre en France sous une ère de liberté? Il ne s'abuse pas, lui, sur la question ; il sait, par expérience, mieux que nul autre, qu'il ne peut pas opter. On a crié : LA GLOIRE, SIRE, OU LA LIBERTÉ! Eh bien ! chers enfants, vous aurez la gloire, et nous serons tous bien contents. Allez, Français, remâchez, comme M. Proudhon le dit, vos vieux lauriers, je vais en semer d'autres que vous cueillerez quand ils seront mûrs et que vous remâcherez encore, et nous répéterons en chœur avec Voltaire : *«* Tout est pour le mieux dans le meilleur des mondes. *»* Quelles lunettes M. Proudhon mettra-t-il pour voir poindre à l'horizon Napoléon coiffé du bonnet phrygien ?

Une fois M. Proudhon convaincu de sa naïveté, il se dira, nous n'en doutons pas :

« Mais si je me suis trompé dans mes prémisses, si la dynastie Napoléonnienne ne peut être pour nous le drapeau autour duquel nous étions disposés à nous grouper, moi et mes disciples, nous allons réfléchir.

« Tant que mon espoir était sain et vigoureux, il rentrait dans mon plan de fermer un peu les yeux sur la politique impériale, je devais même feindre de croire que cette politique était celle de la France ; il fallait que je soutinse que Napoléon et la France n'étaient qu'un ; dans toutes les excursions entreprises dans l'intérêt d'un seul, je devais remplacer le mot gouvernement par celui de nation : on est homme d'État ou on ne l'est pas ; mais aujourd'hui, c'est bien autre chose. Réfléchissons.

III

« D'abord, cette guerre d'Italie que j'ai essayé de faire passer pour un acte de générosité impériale, qu'est-ce que c'est ? Tout bonnement le moyen d'échapper au poignard italien en occupant *glorieusement* les forces vives qu'il était impossible d'utiliser pour le progrès. Il faut la gloire à la France puisqu'on ne peut lui donner la liberté. Eh bien, on lui a jeté de la gloire en pâture pour temporiser avec l'impatience italienne..

« Dès lors, quelle portée ont les mots de *reconnaissance à l'empereur*, de *confiance en l'empereur, etc.*, dont j'ai accablé cette pauvre Italie ? Evidemment aucune, je le reconnais. Du reste, Napoléon n'est pas un sot, et, en politique, bien sot serait celui qui donnerait à la générosité le droit d'entrée au Conseil ; le cœur n'a rien à voir aux questions de cabinet. Comment n'ai-je pas vu cela avant d'écrire toutes mes billevesées !

« Napoléon n'étant plus mon homme, il faut le détacher de la France, il faut distinguer ses intérêts de ceux de la nation. D'abord, ces intérêts sont-ils liés ? Non, ils sont opposés en tout point. J'ai parlé de gloire militaire, il est vrai, mais c'était quand je croyais servir ma cause en flagornant l'Empire ; mais il est bien évident que la gloire militaire n'est qu'une niaiserie que l'on paie fort cher et qui ne rapporte que misère. Un esprit sérieux ne peut plus s'occuper de si cruelles sottises ; un économiste surtout est ridicule au premier chef quand, s'élevant au diapason de l'enthousiasme chauvinisme, il s'écrie : LA GLOIRE, SIRE, DONNEZ-NOUS LA GLOIRE MILITAIRE ! Car l'économiste qui ne vit que par les chiffres doit se dire : Cette gloire que va-t-elle coûter ? Des milliards, c'est-à-dire un capital immense anéanti à tout jamais ; des hommes, c'est-à-dire, au point de vue économique, l'instrument du travail et de la richesse ; des haines, c'est-à-dire un obstacle au libre échange des produits ; le retour à la barbarie, un anachronisme ; elle va détourner de leur voie civilisatrice une foule d'intelligences qui devaient concourir au progrès ; elle aura pour effet immédiat de substituer à la force de l'esprit, la force du sabre. Et que nous donnera-t-elle en échange ? Un ruban au bout d'un discours réchauffé de César! Voilà la gloire militaire que, dans mon aberration, j'ai pronée, appelée de tous mes vœux, et je suis économiste!

« Oh ! la gloire militaire ne peut plus être pour la France qu'un fléau; car au lieu de lui donner cette omnipotence que, dans mon amour pour elle, je voudrais qu'elle eut, elle ne peut que la déconsidérer aux yeux des nations en élevant contre elle les défiances et la désaffection des peuples. La gloire de la France doit être désormais d'une toute autre nature : comme la France a conquis le monde par le sabre, elle devrait le conquérir aujourd'hui par l'esprit. »

Voilà ce que M. Proudhon se dirait, à moins qu'oubliant son passé, foulant aux pieds ses maximes économiques, il ne consente à se couvrir un jour d'un froc pour quêter le denier de St.-Pierre, et le lendemain du claque de la préfecture de police pour le maintien du *statu quo*.

M. Proudhon ayant compris que la France, si elle veut conserver le rang qu'elle occupe, ne peut plus être qu'une nation de progrès, sachant en outre que le progrès et le sabre sont deux anthitèses, verra tomber d'elle-même toute la fiévreuse colère qui l'anime contre l'unité italienne.

En effet, que peut faire à M. Proudhon, philosophe, économiste, Français même, cette concentration d'hommes en une nation compacte aux portes de la France ?

L'Italie constituée en nation compterait vingt-deux à vingt-cinq millions d'habitants. La crainte de M. Proudhon est celle-ci :

l'Italie, à un moment donné, s'unira à l'Angleterre, à l'Allemagne et à la Russie pour écraser la France. Pourquoi écraser la France? Parce que cette nation s'est donné un gouvernement qui ne peut vivre que par la conquête, et que la conquête ne peut se faire qu'au détriment d'autrui. Voilà donc ce gouvernement que M. Proudhon admet, impopulaire à l'extérieur comme à l'intérieur, parce qu'il n'a pour origine qu'un sophisme : " l'Empire, c'est la paix, " et pour existence qu'une monstruosité : la guerre.

Eh bien, admettons un instant, chose pourtant bien difficile, car Napoléon trouvera, quand il le voudra, plus d'un tyran pour allié, admettons, dis-je, que la France se trouve isolée de tout point. La voilà serrée dans un cercle de bayonnettes dont l'Italie, *par reconnaissance pour les services rendus*, forme le quart. Le cercle se rétrécissant graduellement finit par étouffer la France. La première conséquence de cette exécution, est le renversement du gouvernement; la deuxième, sera une combinaison quelconque qui fera de la France un riche pâté à dépecer entre les appétits conquérants.

Eh bien, n'en déplaise à M. Proudhon, je crois que ce morcellement de la France est impossible. Je crois que quand la nation sera rendue à elle-même, quand elle tiendra dans ses mains toutes les forces vives dont elle dispose, quand, en un mot, aura disparu cette hydre aux mille têtes qui la ronge et la saigne, quand le sentiment de son existence renaîtra à celui du danger, quand d'un côté elle sentira la liberté et de l'autre l'étranger, la France, frémissant de colère, finira par sortir de sa torpeur. Une fois la pierre qui l'oppresse ôtée de sa poitrine, elle chassera de chez elle l'étranger : le sentiment de la nationalité est trop vivace chez elle pour qu'il soit possible d'admettre une autre hypothèse. N'avons-nous pas la Convention avec ses 14 armées pour nous apprendre ce que peut cette nation quand elle combat pour son indépendance?

Du reste, n'est-ce pas bien gratuitement que nous avons supposé la France attaquée à la fois et de tous côtés par les forces combinées de l'Europe? Ce fantôme, qui compromet tant le repos de M. Proudhon, est-il autre chose que le prétexte de son inconcevable opposition à l'unification de l'Italie?

IV

Ah! pauvre Italie! Pauvres Romains! Qui vous eût dit que celui qui a la prétention de régénérer l'humanité, de relever les peuples de leur abaissement, vous eût mis la chaîne au cou pour mieux vous river aux cachots du Saint-Père? Vous souffrez, vos cris ont fait tressaillir les échos de toute l'Europe, M. Proudhon a entendu vos gémissements comme tout le monde, et lui, le grand philosophe, l'homme principe, le grand humanitaire, s'écrie : vous souffrez! Eh bien, souffrez, je ne sens rien, moi. Diable! il s'agit bien d'autre chose : il faut savoir si l'Italie ne sera pas un obstacle aux conquêtes de mon maître. Vous allez tout centraliser, *une main de fer* va condenser toutes vos aptitudes, vous avez de l'esprit, du feu, du cœur, du génie, cela deviendra compromettant pour la France qui n'a plus rien de tout cela ; je suis jaloux, moi, qui suis Français. Non, non, pas d'unité ; la liberté du régime constitutionnel va développer vos facultés ; qui sait si, dans cinquante ans, vous ne marcherez pas à la tête du progrès? Et moi je ne m'opposerais pas, par tous les moyens qui sont à mon usage, à cette étrange substitution? Mais je ne serais plus Français!

Et c'est le même homme qui vient reprocher aux démocrates italiens leur égoïsme! On étouffe un peuple pour conserver la suprématie de la France et l'on est socialiste! Où donc est la philosophie et la bonne foi? M. Proudhon se moque-t-il de nous? Bien certainement qu'il aurait plus de succès à aller combattre Jules Favre à côté de M. Baroche, au Corps législatif de son pays ; un portefeuille de ministre sans portefeuille ne paierait pas trop cher un dévouement si exclusif.

Assez de ces étranges contradictions, les lettres de M. Proudhon en pullulent, nous ne pouvons les redresser toutes. Nous ne dirons rien non plus de son projet de fédération constitutionnelle sous la protection de son Empereur, l'opinion des hommes sérieux en a fait depuis longtemps justice. Nous allons dire un mot de la façon singulière dont il apprécie le grand citoyen qui s'est dévoué à l'émancipation de sa patrie.

Quand M. Proudhon prononce le nom de Garibaldi, ce ne devrait être qu'avec le plus grand respect. Chapeau bas, devant la plus belle figure des temps modernes ! j'ose le dire sans craindre le sarcasme de M. Proudhon qui ne croit guère aux choses sublimes.

Du haut de son socle, le publiciste français voit Garibaldi un tout petit homme d'Etat, une espèce de pigmée politique qui n'a jamais pu retenir l'alphabet de la diplomatie. Pauvre Garibaldi! Comment avez-vous ignoré qu'il y avait quelque part sur la terre un M. Proudhon qui se fut estimé heureux d'éclairer votre entendement! Il vous eût appris comment on fait des discours humanitaires quand on est philosophe et comment on fait de ces discours des petites boulettes à lancer aux nez des peuples quand on aspire à être homme d'Etat. Décidément vous êtes bien faible, vous ne savez rien déchirer. Quand une fois vous avez dit quelque chose, vous vous figurez qu'on ne peut pas se dédire. Oh! que vous êtes primitif! Ah! si vous aviez consulté l'illustre écrivain, vous ne seriez pas aujourd'hui prisonnier à la Spezzia. Comment! *vous vous embarquez dans une politique de conspirateurs!* Mais n'aviez-vous donc rien de mieux à faire? ne pouviez-vous, par exemple, continuer à récrépir vos murs et à greffer vos oliviers à Caprera? Comment! *vous vous jetez, pour le service d'une cause au moins douteuse, dans une entreprise insurrectionnelle!* Ah! si la cause n'eut pas été douteuse, c'était différent; quand on réussit, l'insurrection prend un autre nom : on dit que c'est la résistance légale, ou bien la loi providentielle.... Je sais bien que vous répondrez que vous croyiez être sûr de réussir; mais à cela M. Proudhon vous dira qu'il était sûr lui du contraire, et que repliquerez-vous, ô prisonnier! *Essayer à la face de l'Europe la seconde représentation d'une de ces aventures fabuleuses qui ne réussissent qu'une fois.* Vous ne saviez donc pas que les aventures fabuleuses ne réussissaient pas deux fois? *Se répandre en déclamations réchauffées de* 93. Oh! que vous êtes en retard, mon pauvre Garibaldi! Qu'avez-vous fait depuis 93? *Outrager la papauté et l'Eglise.* Ah! voici des taches indélébiles, mon cher. M. Proudhon a bien raison de vous les remettre sous le nez, lui qui n'a jamais outragé ni le Pape ni l'Eglise. A quoi pensiez-vous quand vous appeliez la papauté un chancre! Oh! M. Proudhon n'a jamais dit cela, lui. *Provoquer la Hongrie à l'insurrection sans s'apercevoir que la question romaine est indifférente à la Hongrie.* Comment! vous ignoriez que la démocratie est essentiellement égoïste! Ah! toujours le même regret, vous avez trop négligé de faire la connaissance de M. Proudhon. *Prodiguer l'insulte à l'Empereur des*

Français dont la protection SEULE *empéche le retour des Autri-chiens*. Ah! ça, mais vous êtes un bretteur, vous insultez tout le monde, jusqu'à votre protecteur. Tout-à-l'heure je déplorais votre ignorance, maintenant je crains bien de devoir formuler d'autres regrets : où aviez-vous mis votre sens moral quand vous vous êtes avisé d'insulter votre bienfaiteur? Pour peu que cela continue, vous aurez en Europe la réputation d'un de ces êtres monstrueux qui sont incapables d'aucun sentiment élevé, et ce sera bien fait, car vous êtes un ingrat. Si Napoléon, dont par parenthèse vous ne pouvez atteindre le caractère, si Napoléon dis-je, pour vous punir, retirait ses troupes de Rome, vous seriez bien attrapés vous et les vôtres ; avez-vous oublié que vous avez derrière vous l'Autriche avec ses bayonnettes? Ah! imprudent Garibaldi ! Et puis vous avez tâché d'introduire le perfide Albion en Italie, et cela au nez de la France. Et puis vous êtes plein de perfidie, car vous vous arrachez les poumons à crier : Vive Victor-Emmanuel ! *Aussi l'opinion déconcertée vous repousse-t-elle* avec horreur ; *toute la presse unitaire en Angleterre et en France vous abandonne ; vos anciens compagnons de fortune se séparent de vous, et l'on fait des gorges chaudes,* et l'on se moque de vous partout ; et c'est bien fait ; et je vais vous dire, moi, pourquoi c'est bien fait.

Vous avez eu un jour la sottise d'instruire dans la guerre de partisan un certain Pallavicini : voilà votre pierre d'achoppement. Si vous aviez été plus perspicace, vous eussiez deviné que cet homme tournerait un jour contre vous les armes dont vous lui appreniez à se servir, et vous l'eussiez étouffé dans son berceau ; malheureusement il n'en a pas été ainsi. Il n'y avait qu'un Pallavicini au monde, et votre mauvais destin l'a placé sur votre route. Sans lui vous arriviez à Naples, vous souleviez toute l'Italie, et l'insurrection avortée dont vous avez été l'instigateur se changeait en une épopée sublime. L'opinion *qui n'eut plus été déconcertée* vous portait aux nues, la presse anglaise et française vous élevait sur le pavois, vos anciens compagnons de fortune venaient partager vos lauriers et vous demander des épinards, les gorges chaudes et les railleries se changeaient en bénédictions et en vivats, et M. Proudhon déclarait, à la face du soleil, comme c'est son habitude d'ailleurs, que Garibaldi était non seulement le plus grand capitaine et le plus grand citoyen des temps modernes, mais encore le plus profond diplomate du monde entier. Il n'eut plus dit comme aujourd'hui que vous et

Mazzini vous n'êtes républicains que du bout des lèvres, que vous vous souciez médiocrement des principes et de la liberté. Je sais bien que vous pouvez encore répondre au publiciste français que votre vie entière est là toute grande ouverte, qu'on peut y voir si vous avez vécu et combattu jusqu'à ce jour pour autre chose que les principes, la liberté et la république; mais allez convaincre de cela M. Proudhon. Avez-vous réussi à Asprémonte! Guerre aux vaincus, c'est logique. Pauvre Garibaldi qui a réchauffé Pallavicini dans son sein!

J'ai encore un mot à vous dire, ô Garibaldi. Jusqu'à présent, je n'ai pas pu comprendre comment, à la tête de 2000 hommes, occupant une position très-forte, vous vous êtes laissé écraser par 1800 hommes commandés par un soldat d'hier. J'avais toujours cru que votre présence suffisait pour enfanter des prodiges, et voilà que vous vous laissez battre, vous et les vôtres, dans une position excellente, par une force inférieure! Pallavicini a prouvé, à la face de l'Europe, *que la force de votre parti était toute dans ses gesticulations et ses cris.* Oh! que ce grand capitaine peut bien s'appliquer la fameuse phrase de César : *veni, vidi, vici.* Je sais bien que vous avez dit que vous aviez défendu à vos hommes de se défendre, que vous ne vouliez pas faire couler le sang de vos compatriotes, que vous aviez horreur d'une guerre fratricide; mais qui vous croira? Si l'on voulait écouter tous les vaincus, ils auraient toujours raison. Quelle autorité peut avoir la parole d'un vaincu! Quand on a eu la sottise de se faire battre, on n'est plus bon que pour le mensonge. N'avons-nous pas contre vos assertions les rapports officiels? Et qui oserait penser que des officiers réguliers, qui n'éprouvent qu'une juste horreur pour la chemise rouge, peuvent mentir?

V

" Que répondrez-vous, braves journalistes belges, qui ne savez qu'emplir vos colonnes de tartines parisiennes, écrites entre deux choppes, quand, vous prenant par vos propres raisonnements, on vous sommera d'accorder à l'unité française ce que vous avez su si bien réclamer pour l'unité italienne? Vous avez reconnu le royaume d'Italie, vous dira-t-on; vous vous êtes conséquemment, dans une certaine mesure, engagé pour lui. Vous avez contribué à l'unité italienne par vos suffrages, et forcé, autant qu'il était en vous, la main au cabinet des Tuileries. Or, l'unité italienne a pour conséquence obligée la consommation de l'unité française, et, déployant sous vos yeux la carte de l'Europe, posant le doigt sur la ligne noire qui, de Bade, va à Rotterdam, on ajoutera : Cette unité, la voilà ! »

Eh bien, les journalistes belges auront à répondre ceci :

En 1830, nous sommes parvenus à recouvrer notre autonomie, nous avons fait une révolution pour cela. Depuis cette époque. nous sommes contents, nous vivons heureux et sagement, nous sommes pour l'Europe entière un exemple, pour les nationalités souffrantes un précédent et un encouragement. L'Italie, 30 ans après, suit notre exemple ; nous, journalistes belges, sans nous inquiéter si l'émancipation italienne est ou n'est pas agréable à tout le monde, nous nous empressons de tendre la main aux Italiens qui ne nous paraissent pas plus criminels que nous ne l'avons été. En cela, non-seulement nous écoutons les aspirations de nos cœurs, mais nous suivons les préceptes de la plus simple logique : nous ne pouvons qu'applaudir ceux qui font comme nous, sous peine de nous condamner nous-mêmes.

Comment peut-on *nous prendre par notre raisonnement pour nous sommer d'accorder à l'unité française ce que nous avons su réclamer pour l'unité italienne?* L'unité italienne, pour nous, c'était la liberté de l'Italie. Nous devions le croire, car les Etats qui allaient concourir à la former abandonnaient la forme despotique pour la constitution piémontaise : or, le régime constitutionel pour nous, c'est la liberté. Serait-ce en vertu du même raisonnement qu'on nous mettrait en mesure de proclamer l'unité française? Non ; l'unité française, pour nous, comme pour tout le monde, c'est la conquête, c'est le mensonge, c'est l'anéantissement de la liberté. L'unité italienne n'a pas été imposée, elle est l'expression de la volonté de tous les éléments dont elle se compose; l'unité française, telle qu'on la définit, serait combattue à outrance par ceux dont on voudrait la compléter. Quoi ! vous voudriez que nous, qui possédons la liberté, après l'avoir conquis, nous allions la livrer aux gémonies pour avoir l'honneur de porter le nom de français, de saluer sur son passage le grand Empereur? La compensation n'est pas sérieuse et bien stupide serait celui qui croirait à notre adhésion. Est-ce clair? Est-il assez évident qu'on ne peut nous retourner le raisonnement? Il est vrai qu'on est bien capable de persister à voir de l'analogie dans les deux situations ;

mais nous répondrons qu'on ne *raisonne* pas avec les gens de mauvaise foi, qu'on se contente alors de se mettre en garde et de graisser la batterie de son fusil. On aura beau *poser le doigt sur la ligne noire qui, de Bade, va à Rotterdam, en ajoutant : Cette unité, la voilà !* Nous répondrons, nous, d'une voix unanime : Vous mentez. Vous couvrez d'un voile hypocrite votre ambition de conquérant. La plus grande preuve que nous ne sommes pas Français, c'est qu'il ne nous plaît pas de l'être.

Que si M. Proudhon venait nous dire alors : je sais bien que vous avez raison, mais quand on veut fustiger quelqu'un, on trouve facilement une verge ; la trame de la logique est élastique, et les bayonnettes françaises sont nombreuses; nous lui répondrions :

Monsieur Proudhon, vous êtes en Belgique depuis cinq ans, je crois; vous avez assisté dans ce pays aux démonstrations patriotiques qui eurent lieu en 1860; eh bien, franchement, avez-vous rencontré souvent, dans vos promenades, beaucoup de Belges qui désirassent être Français ? Ne comprenez-vous pas que s'il prenait fantaisie à Napoléon III d'envahir nos frontières, il il n'y aurait dans tout le pays qu'un cri de rage et d'indignation. Nous ne sommes pas conquérants, nous ne sommes plus belliqueux parce que nous sommes civilisés; mais dans une telle occurence, nous retrouverions toute l'ardeur de nos ayeux. Mourir plutôt mille fois que de subir le joug de l'abrutissement et les volontés prétoriennes !

Et si, accablés par le nombre, nous succombions, nous ajouterions : devions-nous, dans des vues de conservation personnelle, tranchons le mot, dans la crainte des bayonnettes françaises, renier nos principes en condamnant nos imitateurs? M. Proudhon tout le premier, si nous avions commis cette lâcheté, ne viendrait-il pas nous la reprocher ?

Non, nous ne pouvions pas faire autrement que d'appuyer l'émancipation italienne, parce que nous nous rappelons les souffrances de l'esclavage auquel nous nous sommes soustraits. M. Proudhon, en prétendant qu'il n'est pas d'une saine et prévoyante politique de faire échec à un gouvernement comme la France, voudrait donc nous voir à ses pieds? Il ne nous serait donc plus permis d'aimer ce qui est beau, de tendre la main à un frère, parce qu'à notre porte il est un gouvernement ombrageux, jaloux de nos libertés! Il faut suivre les préceptes d'une saine et prévoyante politique, s'écrie M. Proudhon. Qu'est-ce que le grand démocrate entend par ces mots?

Nous arrivons à la fameuse péroraison de M. Proudhon à l'adresse de l'Empereur des Français. Que faut-il en dire?

M. Proudhon, dans l'*Office de publicité* du 14 courant, donne une espèce d'interprétation de ses paroles. J'avoue que je ne comprend pas bien cette explication ; les mots sont là : « Voici le discours que j'ai l'honneur d'adresser à Sa Majesté : » Et puis commence la tartine. Allons, l'écrivain était sous l'influence d'une de ces distractions que connaissent si bien les journalistes, nous voulons bien l'admettre ; nous sommes même heureux de l'admettre : car sans cette échappatoire, nous nous voyions forcé d'implorer pour lui auprès du gouvernement belge les secours qui font en France la spécialité des infirmiers de Charenton.

Toutefois il faut avouer que cette distraction a été bien longue. Comment ne s'est-on pas aperçu, dans le cours de ce galimatias, qu'on divaguait? Presqu'une colonne à l'adresse de Sa Majesté Impériale sur l'empressement avec lequel les Belges iraient lui tendre les bras à la station de Mouscron. M. Proudhon a voulu rire, c'est évident, du reste il l'a dit ; mais est-ce à nos dépens ou à ceux de l'Empereur? Si cependant, M. Proudhon, votre maître allait prendre vos gabrioles au sérieux ! Si, armé de la susdite péroraison, il arrivait, les mains dans les poches, jusqu'à Mons, sans rencontrer sur sa route le moindre indigène pour le saluer au passage. Diable! vous l'auriez trompé, dirait-il ; il serait capable de vous faire un mauvais parti. Ce qui pourrait vous arriver de plus supportable, ce serait d'être remis à la queue des aspirants candidats au Conseil d'État. Il faudrait encore bien faire des articles contre l'unité italienne, l'autonomie de la Pologne, de la Hongrie et l'affranchissement des peuples, pour regagner la place que vous auriez perdue ! Et tout cela pour une distraction !

www.ingramcontent.com/pod-product-compliance
Lightning Source LLC
Chambersburg PA
CBHW051247070726

47594CB00013B/3953